Karina Stieler/Kristiana Heinemann

FENSTERBILDER

Biblische Motive

Karina Stieler/Kristiana Heinemann

FENSTERBILDER
Biblische Motive

Genaue Anleitungen
Mit Vorlagenbogen

Augustus Verlag

Inhalt

Die Deutsche Bibliothek –
CIP-Einheitsaufnahme

Fensterbilder – biblische Motive :
genaue Anleitungen ; mit Vorlagenbogen /
Karina Stieler/Kristiana Heinemann. –
Augsburg : Augustus-Verl., 1998
ISBN 3-8043-0336-6

Fotografie:
Klaus Lipa, Augsburg
Lektorat:
Susanne Gugeler, Mering
Umschlaggestaltung:
Karina Stieler, Abraxas Werbegrafik, Augsburg

Layout:
Anton Walter, Gundelfingen

Augustus Verlag Augsburg 1998

Satz:
Gesetzt aus 9,5 Punkt Caecilia Light in QuarkXPress von DTP-Design Walter, Gundelfingen
Reproduktion:
GAV Prepress, Gerstetten
Druck und Bindung:
Appl, Wemding

Gedruckt auf 120 g umweltfreundlich elementar chlorfrei gebleichtes Papier.

ISBN 3-8043-0336-6

Printed in Germany

Vorwort

In unserem Kulturkreis gehören Bilder, Geschichten und Gleichnisse aus der Bibel zum Allgemeinwissen. Und fast jedes Kind weiß, wer David und Goliath waren, oder kennt die Geschichte vom verlorenen Schaf. Was liegt also näher, als die bekanntesten Motive aus der Bibel in bunte Fensterbilder zu verwandeln, die nicht nur zu hohen kirchlichen Festen, wie Ostern oder Weihnachten, die Fenster schmücken, sondern teilweise auch das ganze Jahr über als Schmuck aufgehängt werden können? Und natürlich bietet es sich gerade im Kindergarten oder in der Schule an, die gehörte/erzählte biblische Geschichte in einer gemeinsamen Bastelarbeit umzusetzen und anschaulich zu machen. Aus Papier und Tonkarton, der zum Teil mit Transparentpapier hinterlegt wird, entstehen große und kleine Bilder, die mal kindlich naiv, mal stimmungsvoll anrührend, Kinder und Erwachsene faszinieren werden.

Viel Freude beim Basteln wünschen Ihnen

Karina Stieler und
Kristiana Heinemann

Material und Werkzeug

Papier

Für die Herstellung von Fensterbildern eignet sich im Grunde jedes stärkere farbige Papier. Besonders geeignet ist natürlich Tonkarton. Dieser ist neuerdings auch in einer UV-beständigen Variante erhältlich, damit Ihre Kunstwerke am Sonnenlicht nicht so schnell ausbleichen. Weiterhin verwendet haben wir Regenbogen-Tonkarton, und Transparentpapier. Dieses gibt es einfarbig in unzähligen Abstufungen oder als Bögen mit Farbverläufen (Regenbogen-Transparentpapier). Wenn Sie lösungsmittelhaltigen Kleber verwenden, dann kleben Sie das Regenbogen-Transparentpapier möglichst auf der matten Seite, denn der Kleber löst die Farbschicht ab.

Farben

Zum Bemalen der Fensterbilder verwenden Sie am besten Plakat- oder Bastelfarben, die mit einem dünnen Haarpinsel (Stärke 1-3) aufgetragen werden. Auch Filzstifte, Holzstifte oder Wachsmalkreiden können hierbei eingesetzt werden. Für die Herstellung von Augenlichtern und Glanzpunkten sind weiße Lackstifte (Decorlack-Liner) geeignet.

Schneidewerkzeuge

Sie benötigen eine scharfe Papierschere mit ca. 10 cm langen Klingen. Kinder können besondere Kinderscheren verwenden, die Papier in der Regel auch sehr gut schneiden. Sollten Sie im Umgang mit einem Cutter oder Skalpell geübt sein, so kann Ihnen dieses Schneidegerät ebenfalls gute Dienste leisten. Achten Sie hierbei auf eine geeignete Schneideunterlage, wie z.B. ein dickes Stück Karton, ein Linoleum-Rest oder auch eine Profi-Schneideunterlage aus dem Grafiker-Fachhandel. Scharfe Schneidemesser gehören natürlich keinesfalls in Kinderhände.

Kleber

Verwenden Sie für den Tonkarton je nach Vorliebe Papierkleber mit oder ohne Lösungsmittel. Für Transparentpapier hat sich der lösungsmittelhaltige Kleber eher bewährt. Bei lösungsmittelfreien Bastelklebern, die auf Wasserbasis hergestellt sind, entstehen auf Transparentpapier oft unschöne Wellen.

Befestigen der Fensterbilder

Zum Befestigen auf Glas eignet sich besonders transparentes Klebeband oder auch doppelseitiges durchsichtiges Foto-Klebeband . Wenn Ihr Fensterbild eine einfache und kom-

pakte Form hat, wie z. B. das Motiv »Noahs weiße Taube«, können Sie auch einen einzelnen Aufhängefaden anbringen (kleben oder mit der Nähnadel durchstechen).

Übertragen der Vorlagen

Es gibt eine Vielzahl von Möglichkeiten, wie Sie Vorlagen übertragen können. Wir wollen Ihnen drei davon hier kurz vorstellen:

1. Zeichnen Sie das Motiv des Vorlagenbogens mit Hilfe von Kohlepapier auf das gewünschte Material durch.

2. Legen Sie ein großes Transparentpapier über das Motiv auf dem Vorlagenbogen, und zeichnen Sie es mit einem Bleistift oder Folienstift durch. Drehen Sie dann das Transparentpapier um, und fahren Sie alle Linien mit einem sehr weichen und spitzen Bleistift (Stärke 6B) genau nach. Legen Sie das Transparentpapier mit den nachgezeichneten Linien auf Ihren Tonkarton, und reiben Sie die Linien mit einem stumpfen Gegenstand, z. B. einem Löffelstiel oder einem Messerrücken, durch.

3. Sollten Sie ein Motiv mehrfach benötigen (z.B. die Figuren beim Motiv »Die Jünger empfangen den Heiligen Geist«), ist das Anfertigen einer Schablone aus stabilem Karton zu empfehlen. Diese Schablone können Sie einfach mit einem spitzen Bleistift umfahren und so Ihr Motiv immer wieder aufzeichnen.

Motive aus dem Alten Testament

Die Erschaffung der Welt

Am Anfang der Welt, vor vielen Millionen Jahren, gab es nichts, aber auch gar nichts: keinen Grashalm, keinen Vogel, nicht einmal ein Sandkorn. Da gab es nur Gott allein. Gott sagte zu sich: Jetzt mache ich etwas, das ich so richtig liebhaben kann, etwas ganz Schönes. Und er erschuf die große, weite Welt. An einem Tag das Meer. Am nächsten das feste Land und die Berge.

Das wird gebraucht

- *Tonkarton in Schwarz*
- *Transparentpapier in Weiß, Rosa, Gelb, Dunkelblau*
- *Regenbogen-Transparentpapier*

So wird's gemacht

Übertragen Sie die Vorlage, wie beschrieben, auf den Tonkarton, und schneiden Sie das Motiv zweimal aus. Kleben Sie hinter ein Motiv das farbige Transparentpapier. Durch Übereinanderlegen der Farbverläufe oder durch Kombination von einfarbigem Transparent mit einem Farbverlauf des Regenbogen-Transparentpapiers ergeben sich interessante neue Farben. Probieren Sie erst eine Weile aus, bis Sie mit dem Ergebnis zufrieden sind. Das zweite ausgeschnittene Motiv kleben Sie zum Schluß auf die Rückseite auf. Das Fensterbild sieht dadurch von beiden Seiten sauber aus und kann, wenn es im Fenster hängt, von außen und innen betrachtet werden.

Vorlage siehe Vorlagenbogen A63 rot

Adam und Eva

Adam und Eva lebten in einem wunderschönen Garten. Das war das Paradies. Es gab dort allerlei Tiere, die friedlich und zutraulich waren. Gott sorgte gut für Adam und Eva, wie ein Vater für seine Kinder. Gott verbot ihnen jedoch die Äpfel vom Baum der Erkenntnis zu pflücken. Eines Tagen erschien aber die böse Schlange und überredete Eva, das Verbotene zu tun. Das war eine große Sünde.

Das wird gebraucht

- *Tonkarton in Dunkelblau, Hellblau, Dunkelgrün, Hellgrün, Hautfarben, Hellgelb, Gelb, Braun, Pink, Orange*
- *Hologrammfolie in Grün*
- *Filzstift in Braun, Schwarz*
- *Plakatfarbe in Weiß*

Vorlagen siehe Vorlagenbogen A1–A3, A9, A11, A18, A29, A32, A35, A36, A44, A59 schwarz

So wird's gemacht

Kleben Sie die Baumkrone mit den saftigen Äpfeln auf den Baumstamm. Danach befestigen Sie die Schlange, die Sie zuvor aus Hologrammfolie angefertigt haben. Ihr Ende verschwindet hinter der Baumkrone. Kleben Sie dann die anderen Figuren auf. Adams Beine werden etwas verlängert, wie auf dem Vorlagenbogen durch gestrichelte Linien angedeutet. Sie brauchen für die Adam- und Eva-Figuren nur Köpfe, Oberkörper, Arme und für Adam die Beine. Der Rest wird durch den Busch und den Leoparden verdeckt. Das Fellmuster des Leoparden malen Sie mit Filzstift auf. Zuerst braune Punkte aufmalen, dann mit Schwarz zur Hälfte ummanteln. Der Bauch und die Schnau ze der Raubkatze bekommen eine weiße Farbe. Den Busch verzieren Sie mit bunten Blümchen, die Äpfel glänzen appetitlich durch einen Glanzpunkt mit weißer Plakatfarbe.

Der Baum der Erkenntnis

Gott fragte Eva, warum sie vom Baum der Erkenntnis gegessen habe. Sie antwortete: »Die Schlange hat mich überredet und mich betrogen.« Da sprach Gott zu der Schlange: »Weil du das getan hast, bin ich für immer böse mit dir. Von heute an bist du aus der Gemeinschaft der Tiere ausgestoßen. Auf deinem Bauch sollst du kriechen und Erde fressen dein Leben lang.«

Das wird gebraucht

- *Tonkarton in Dunkelgrün*
- *Transparentpapier in Braun, Dunkelrot*
- *Regenbogen-Transparentpapier*

So wird's gemacht

Schneiden Sie das Motiv zweimal aus Tonkarton aus. Eines davon hinterkleben Sie, wie hier abgebildet. Durch Übereinanderlegen von bis zu drei Schichten einfarbigem und Regenbogen-Transparentpapier erzielen Sie die gewünschten Farbeffekte. Schneiden Sie aus Kartonresten kleine Blättchen aus, und kleben Sie diese in die Baumkrone. Wenn alles gut getrocknet ist, montieren Sie das zweite ausgeschnittene Motiv auf die Rückseite des beklebten Motivs. Sie haben auf diese Weise ein Fensterbild mit zwei positiven Seiten.

Vorlage siehe Vorlagenbogen B24 rot

Noahs weiße Taube

Als die Wasser zurückgingen, ließ Noah eine Taube fliegen. Doch sie fand nichts zu fressen und kam bald wieder zur Arche. Einige Tage später ließ Noah die Taube erneut fliegen, und sie kehrte mit einem frischen Zweig des Ölbaums im Schnabel zurück. Da wußte Noah, daß die Erde bald wieder ganz trocken sein würde.

Das wird gebraucht

- *Tonkarton in Dunkelgrün*
- *Transparentpapier in Weiß, Gelb, Orange, Rot, Grün, Hellblau, Dunkelblau*

So wird's gemacht

Schneiden Sie das Motiv zweimal aus Tonkarton aus, und kleben Sie hinter eines davon das farbige Transparentpapier. Das zweite Motiv fixieren Sie dann dahinter. So hat Ihr Fensterbild zwei schöne Seiten. Nur noch den Aufhängefaden anbringen oder mit Klebeband am Fenster befestigen.

In Amerika ist die Taube mit dem Ölzweig ein Weihnachtsmotiv und steht als Symbol für »Friede auf Erden«.

Vorlage siehe Vorlagenbogen B19 schwarz

Die Arche Noah

Noah und seine Familie liebten Gott und bemühten sich, so zu leben, wie es Gott wollte. Die anderen Menschen in ihrer Umgebung kümmerten sich überhaupt nicht um Gott. Sie stritten sich, taten sich weh und bestahlen sich gegenseitig. Das machte Gott sehr unglücklich. Deshalb sagte er zu Noah: »Noah, baue ein großes Schiff, eine Arche. Darin seid ihr sicher, denn es wird eine große Flut über die Erde kommen, die alles Leben vernichten wird. Nimm von jeder Tierart ein Männchen und ein Weibchen mit in die Arche und sorge gut für sie.« Noah machte sich sofort an die Arbeit.

Das wird gebraucht

- *Tonkarton in Hellgrau, Dunkelgrau, Hellgelb, Dunkelgelb, Braun, Hellbraun, Weiß, Schwarz, Hellblau, Dunkelblau, Lila, Rot, Olivgrün, Orange, Grün*
- *Filzstift in Schwarz*
- *Plakatfarbe in Weiß*

Vorlagen siehe Vorlagenbogen A1–A3, A5, A7, A16, A18, A20–A22, A32, A38, A41, A44, A47–A58, A60, B1, B8, B15 schwarz

So wird's gemacht

Dieses umfangreiche Fensterbild bietet sich für eine Gemeinschaftsarbeit (z. B. in der Schule) an. Es macht sehr viel Spaß, das Fensterbild (oder Wandbild) am Ende gemeinsam zu gruppieren, denn hierfür gibt es kein starres Schema. Sie sollten jedoch darauf achten, daß die Elefanten zuerst in die Arche hineinmarschieren, dann folgen die Eisbären und nach und nach die Tiere im Vordergrund. Für die Giraffen gibt es ebenfalls keinen Spielraum, sie gehören in die Dachluke der Arche. Lassen Sie mehrere Wolken über der Arche schweben. Sie symbolisieren das drohende Unwetter. Achten Sie bei der Endmontage darauf, daß die großen Tiere wie Pferde und Kamele am Schluß im Vordergrund laufen. Sicher haben Sie viel Freude an dieser bunten Arche Noah.

Der Turmbau zu Babel

Das wird gebraucht

- *Tonkarton in Hautfarben, Beige, Hellbraun, Dunkelbraun, Mittelgrün, Dunkelgrün, Olivgrün, Hellblau, Dunkelblau, Rot, Gelb, Orange, Schwarz*
- *Bastelfarbe in Braun, Beige, Schwarz, Weiß, Rot*

Vorlagen siehe Vorlagenbogen A1–A3, A10, A12, A13, A16, A18–A22, A24, A25, A27, B1, B7 schwarz

Die Babylonier waren geschickte Baumeister und sehr stolz auf ihr Können. Einige hielten sich sogar für besser als Gott. Also beschlossen sie, einen Turm in den Himmel zu bauen. Der Turm wurde riesig und die Babylonier immer frecher zu Gott. Gott aber schüttelte den Kopf über diese dummen Menschen, und er brachte ihre Sprache so durcheinander, daß keiner mehr den anderen verstehen konnte. Und da sie einander nicht mehr verstanden, blieb der riesige Turm unvollendet.

So wird's gemacht

Stellen Sie drei Figuren her, und bemalen Sie diese. Dann kleben Sie den aus den Einzelteilen zusammengefügten und bemalten Turm auf die gelbe Sandfläche. Schneiden Sie die Palmen aus, und bemalen Sie die Stämme. Aus den fertigen Einzelteilen stellen Sie nun ein locker gestaltetes Fensterbild zusammen.

Mose und die Zehn Gebote

Gott führte das Volk der Israeliten durch die Wüste zum Berg Sinai. Mose stieg alleine auf den Berg, blieb lange fort und kehrte mit steinernen Gesetzestafeln zurück. Auf diese Tafeln hatte Gott die Zehn Gebote geschrieben, die das Leben der Menschen mit Gott und untereinander für alle Zeiten regeln sollten.

Das wird gebraucht

- *Tonkarton in Hellgrau, Mittelgrau, Dunkelgrau, Dunkelgrün, Olivgrün, Weiß, Dunkelblau, Gelb, Rot, Hautfarben*
- *Bastelfarbe in Weiß, Schwarz*

So wird's gemacht

Stellen Sie aus vier Hügelformen einen Berg zusammen. Die Mose-Figur wird zusammengeklebt, bemalt und mit den gelben Tafeln versehen. Die römischen Ziffern darauf schreiben Sie mit Bastelfarbe. Stellen Sie die fertige Figur auf den Berg, und montieren Sie zwei Grasbüschel dahinter.

Vorlagen siehe Vorlagenbogen A2, A3, A14, A16, A18, A19, A21, A38, A43, B4 schwarz

Das wird gebraucht

- *Tonkarton in Hellbraun, Beige, Schwarz, Hautfarbe, Hellblau, Mittelblau, Dunkelgrün, Hellgrün, Olivgrün*
- *Moosgummi oder Tonkarton in Türkis*
- *ein Stück Sackrupfen, Größe ca. 20 x 30 cm*
- *Bastelfarbe in Schwarz, Rot*
- *Holzstift in Rot*

Mose im Binsenkörbchen

Weil der Pharao alle neugeborenen israelitischen Jungen töten lassen wollte, fürchtete eine Israelitin um das Leben ihres wenige Monate alten Sohnes. Sie legte ihn in einen Korb aus Binsen und versteckte ihn zwischen dem Schilf am Ufer des Nils. Nicht lange danach kam die Tochter des Pharaos zum Nil, um zu baden. Sie fand das schreiende Baby, und da sie selbst kein Kind hatte, beschloß sie, den Jungen als ihren eigenen Sohn aufzuziehen. Sie gab ihm den Namen Mose, der soviel bedeutet wie »der aus dem Wasser Gerettete«.

So wird's gemacht

Schneiden Sie die Form des Körbchens aus, und bekleben Sie das Tonpapier-Stück mit dem Rupfen. Nach dem Trocknen schneiden Sie den überstehenden Rupfen ab und fixieren alle übrigen Formen. Das Gesicht von Mose malen Sie mit Bastelfarben auf. Die Bäckchen sind mit Holzstift gemalt, der noch mit dem Finger etwas verwischt werden kann. Nun befestigen Sie die Henkel des Körbchens.

Wellen und Grasbüschel schneiden Sie in beliebiger Anzahl zu. Ebenso die Papyrusblüten, für die es keine Vorlage gibt. Für die Herstellung einer Blüte benötigen Sie folgende Streifen aus Tonkarton: Stengel: 2-3 x 20 cm lang und 1 cm breit, Kronenblätter: 8 x 20 cm lang und 0,5 cm breit, 6 x 10 cm lang und 0,5 cm breit. Staubgefäße: 4-6 x 5 cm lang und 0,5 cm breit.

Kleben Sie die Teile des Stengels im leichten Winkel geknickt zusammen. Die Kronenblätter befestigen Sie ganz oben am Stengel – die langen zeigen nach links und rechts, die kurzen nach unten. Oben in der Mitte kleben Sie die Staubgefäße an. Jedes Staubgefäß erhält noch ein hellgrünes Pünktchen. Arrangieren Sie die fertigen Papyrusblüten, die Wellen, Grasbüschel und das Körbchen zu einem harmonischen Fensterbild.

Vorlagen siehe Vorlagenbogen B2, B4, B5, A2, A3, A9, A46 schwarz

David und Goliath

Einmal mußten die Leute von Israel gegen die viel stärkeren Philister kämpfen. Die Philister hatten einen besonders guten Krieger. Das war der Riese Goliath. Goliath trug eine schwere, goldene Rüstung, und sein Schild war so groß wie eine Tür. Niemand traute sich, gegen ihn anzutreten.

Aber der Hirte David, der nicht einmal ein Schwert besaß, besiegte Goliath. Und zwar mit Gottes Hilfe und seiner Steinschleuder. Wie ein Baum fiel der Riese um, und die Philister waren besiegt. Später wurde David König von Israel.

Das wird gebraucht

- Tonkarton in Hellgrün, Olivgrün, Hellblau, Dunkelblau, Türkis, Gelb, Goldgelb, Hautfarben, Schwarz, Weiß, Lila, Braun
- Filzstift in Schwarz, Rosa
- Plakatfarbe in Weiß, Rosa

So wird's gemacht

Als Basis für dieses Fensterbild dienen zwei Felsen und eine Grasfläche. Sie gestalten die Figuren nach Ihrer Phantasie. Bei Goliath gilt es, einige Einzelteile vorzubereiten, bis er in seiner Rüstung glänzen kann. Die Ornamente und Linien zeichnen Sie mit Filzstift. Die Augen sowie die Punkte auf Goliaths Rüstung werden mit weißer Plakatfarbe aufgemalt. Goliaths Gesicht sollte einen grimmigen Ausdruck bekommen. Ordnen Sie die Figuren auf der Grasfläche an. Das Schäfchen steht auf dem Felsen und schaut zu Goliath hinüber. Die Speerspitze wird zur Hälfte schwarz angemalt. Die Grasbüschel verteilen Sie nach Belieben. Davids Steinschleuder wird direkt auf den Untergrund geklebt, das Gummiband (keine Vorlage) mit schwarzem Filzstift aufgemalt.

Vorlagen siehe Vorlagenbogen A1, A3, A13, A16–A18, A21, A25, A28, A30, A31, A38, A41, B1 schwarz

David der Hirte

David war den ganzen Tag in den Bergen und hütete die Schafherde seines Vaters. Er beschützte die Schafe vor wilden Tieren und fing verirrte Lämmer wieder ein. Stets führte er die Herde an die Stellen, wo das saftigste Gras wuchs. Weil David sonst nicht viel zu tun hatte, spielte er gerne auf seiner Harfe und sang schöne Lieder dazu, oder er übte das Steinewerfen mit seiner Steinschleuder, bis er es perfekt beherrschte.

Das wird gebraucht

- *Tonkarton in Dunkelgrün, Mittelgrün, Olivgrün, Mittelblau, Rot, Braun, Schwarz, Weiß, Grau, Hautfarben*
- *ein Stückchen Klarsichtfolie, ca. 5 x 5 cm*
- *Folienstift in Schwarz*
- *Bastelfarbe in Schwarz, Weiß, Beige, Rot*
- *Holzstift in Rot*

So wird's gemacht

Schneiden Sie außer den Einzelteilen für die David-Figur genügend Schafe, Grasflächen und Grasbüschel aus, um das Fensterbild nach Ihrem Geschmack arrangieren zu können. Bemalen Sie die Beine der Schafe beige und die Gesichter mit Schwarz und Beige. Ziehen Sie auch bei David die Konturen im Gesicht, am Gewand und auf der Harfe mit Bastelfarbe nach. Die rote Backe ist mit Holzstift aufgemalt. Die Farbe wurde leicht mit dem Finger verwischt. Kleben Sie hinter die Harfe durchsichtige Folie. Wenn der Kleber getrocknet ist, können Sie mit Folienstift die Saiten aufmalen. Fügen Sie am Ende alle Teile zu einem harmonischen Bild zusammen.

Vorlagen siehe Vorlagenbogen A2, A3, A13, A15, A17, A18, A25, A26, A38, A41, A45, B1 schwarz

Daniel in der Löwengrube

Als Daniel in die Löwengrube geworfen wurde, klopfte sein Herz bis zum Hals. Er wußte, daß die Löwen da unten auf ihn warteten und bestimmt schrecklichen Hunger hatten. Daniel schloß die Augen und betete leise: Bitte Gott, beschütze mich vor den Löwen!« Er wußte, daß ihm jetzt nur noch Gott helfen konnte. Als Daniel die Augen wieder öffnete, konnte er es kaum glauben: Die Löwen hatten sich friedlich um ihn versammelt, schmiegten sich an seine Beine und schnurrten wie sanfte Hauskatzen. Sie hatten überhaupt keinen Hunger mehr. Gott hatte Daniel beschützt.

So wird's gemacht

Spiegeln Sie die Vorlage für die Löwengrube an der gestrichelten Linie, dann auf den Tonkarton übertragen und ausschneiden. Die Grube wird mit blauem Transparentpapier hinterlegt. Stellen Sie die Figur des Daniel fertig, und zeichnen Sie mit weißem Holzstift sowie mit rosa und schwarzen Filzstiften ein freundliches Gesicht. Daniels Mantel kann mit Hologrammfolie oder anderen Effektpapieren verschönert werden. Die Schnauzen der Löwen malen Sie rosa an. Plazieren Sie das Löwenmännchen rechts und das Löwenweibchen links von Daniel. Die Figuren werden am unteren Rand der Grube mit Klebstoff befestigt.

Das wird gebraucht

- *Tonkarton in Lila, Grün, Hellblau, Orange, Braun, Gelb, Hautfarben, Hellgrau*
- *Transparentpapier in Dunkelblau*
- *Hologrammfolie in Grün*
- *Holzstift in Weiß*
- *Filzstift in Rosa, Schwarz*

Vorlagen siehe Vorlagenbogen A2, A3, A5, A16, A18, A19, A21, A32, A33 schwarz

Jonas und der große Fisch

Jonas wurde von Gott beauftragt, nach Ninive zu gehen. Die Leute in Ninive waren böse, und Jonas sollte ihnen sagen, daß Gott sie bestrafen werde, wenn sie ihr Leben nicht änderten.

Jonas hatte jedoch keine Lust, diese Botschaft zu überbringen, und versteckte sich vor Gott auf einem Schiff. Das Schiff geriet in einen schweren Sturm, und Jonas wurde von einem riesigen Fisch verschluckt. Jonas wußte nun, daß man vor Gott nicht davonlaufen konnte, und bereute seine Flucht. Er meinte es ehrlich und wollte nun direkt nach Ninive gehen. Deswegen ließ Gott den Fisch an Land schwimmen, und dieser spuckte Jonas aus. Jonas war sehr glücklich, die Sonne wieder zu sehen, und machte sich dann auf nach Ninive.

Das wird gebraucht

- *Tonkarton in Dunkelblau, Hellblau, Türkis, Königsblau, Hellgrün, Dunkelgrün, Hellgelb, Dunkelgelb, Orange, Rosa , Braun, Hautfarben, Lila, Pink*
- *Hologrammfolie in Grün*
- *Filzstift in Grün, Schwarz, Rosa*
- *Decorlack-Liner in Gelb*

Vorlagen siehe Vorlagenbogen A1, A3, A13, A15, A17, A18, A30, A37–A40, A46, B1, B7, B21 (nur Fisch) schwarz

So wird's gemacht

Basteln Sie zuerst den großen Fisch aus hellgrünem und dunkelgrünem Tonkarton. Zeichnen Sie die Schuppen mit grünem Filzstift nach, und setzen Sie einige glitzernde Schuppen aus Hologrammfolie ein. Auch die Rücken- und die Brustflosse verschönern Sie mit Hologrammfolie. Einige Schuppen färben Sie mit Decorlack-Liner gelb.

Die Welle schneiden Sie siebenmal aus und gestalten eine bewegte Wasseroberfläche, aus der unser Riesenfisch auftaucht. Kleben Sie dem Fisch die Fontäne ans Maul. Darauf sitzt Jonas, dem Sie mit Filzstiften einen frohen Gesichtsausdruck aufgemalt haben. Nun brauchen Sie nur noch Sandfläche, Palme und Felsen zu montieren sowie den Sand mit Muscheln, Steinen und Gräsern etwas zu beleben – und fertig ist Ihr Fensterbild.

Motive aus dem Neuen Testament

Die Herbergssuche

Maria und Josef mußten nach Betlehem, ihrer Heimatstadt, gehen, um ihre Namen aufschreiben zu lassen. Als Maria und Josef in Betlehem ankamen, war es schon Nacht geworden. Maria war sehr müde. Josef sagte: »Komm nur, Maria! Wir werden uns ein Plätzchen suchen, wo wir heute nacht schlafen können.« Sie gingen zu einem großen Gasthaus. Aber in dieser Zeit waren zu viele Leute unterwegs, und es war kein Platz mehr frei. Was sollten sie nun tun? Mußten sie draußen unter freiem Himmel schlafen?

Das wird gebraucht

- *Tonkarton in Schwarz*
- *Regenbogen-Transparentpapier (zwei Bogen)*

So wird's gemacht

Schneiden Sie das Gerüst des Fensterbildes aus schwarzem Tonkarton aus. Die Fenster sind, bis auf eines, nicht mit den anderen Linien verbunden. Nach dem Ausschneiden also beiseite legen und nicht verlieren.

Nun wird ein Bogen Transparentpapier in der Weise hinterlegt, daß die Farbabstufung von rechts nach links verläuft. Beim zweiten Bogen sollte der Verlauf von oben nach unten gehen. So entstehen wunderschöne Farbeffekte.

Sie können die Stellen, an denen Sie die Fenster plazieren wollen, markieren und dort eine Schicht Transparentpapier mit dem Cutter heraustrennen. So strahlt das Licht in den Fenstern. Ebenso sollte die Tür hell erleuchtet sein. Zum Schluß kleben Sie die Fenster mit Bastelkleber auf das Transparent.

Vorlage siehe Vorlagenbogen A62 schwarz

Der Engel kommt zu Maria

Maria lebte in einer aufregenden Zeit in Nazaret, aber Gott hatte versprochen, daß ein Kind geboren wird, das die Menschen wieder frei und glücklich machen wird. Eines Tages kam ein Engel zu Maria und verkündete ihr, daß sie auserwählt wäre, dieses Kind zu gebären. Als Maria das hörte, war sie sehr glücklich.

Das wird gebraucht

- *Tonkarton in Schwarz*
- *Transparentpapier in Orange, Rot, Blau, Gelb, Dunkelgrün*
- *Regenbogen-Transparentpapier*

So wird's gemacht

Übertragen Sie das Motiv auf den schwarzen Tonkarton, und schneiden Sie die Umrisse mit einem scharfen Cutter aus. Hinterkleben Sie Ihr Fensterbild je nach Geschmack mit bunten oder dezenten Farbtönen, z. B. in schlichtem Weiß. Das Transparentpapier wird auf der Rückseite angepaßt, mit Filzstift angezeichnet, dann ausgeschnitten und aufgeklebt. Durch übereinander geschichtete Transparentpapiere können sehr reizvolle Effekte erzielt werden.

Vorlage siehe Vorlagenbogen A65 rot

Maria und Jesus

Jesus sah aus wie ein gewöhnliches Kind. Aber dieses Baby war der Sohn Gottes. Wenn es groß sein würde, sollte es König werden und alle Menschen glücklich machen. So hatte es der Engel verkündet. Maria freute sich über ihr Kind. Froh nahm sie es in ihre Arme.

Das wird gebraucht

- *Tonkarton in Weiß*
- *Transparentpapier in Weiß*
- *Regenbogen-Transparentpapier*

So wird's gemacht

Schneiden Sie die Umrisse des Fensterbildes mit einem scharfen Cutter aus. Wir haben uns hier für eine dezente Gestaltung entschieden. Es bleibt aber Ihrem Geschmack überlassen, eine andere Farbgebung zu wählen, z. B. Rot und Blau für Marias Gewand und gelbe Sterne in einem blauen Bogen. Hinterlegen Sie für die von uns gewählte Farbgebung den Sternenbogen mit Regenbogen-Transparentpapier in Gelb-Rot-Tönen, die Maria-Figur mit weißem Transparentpapier. Damit sich das Jesuskind besser abhebt, bekommt es blonde Haare.

Vorlage siehe Vorlagenbogen A64 rot

Das Kind in der Krippe

Maria und Josef fanden einen Stall und gingen hinein. Es war zum Glück Stroh in dem Stall, und auch eine Krippe stand darin. Josef bereitete für Maria ein Bett aus Stroh, und so hatte sie es weich und warm. In dieser stillen, dunklen Nacht ist dann etwas Wunderbares geschehen: Maria hat das Kind geboren, von dem der Engel zu ihr gesprochen hatte.

Das wird gebraucht

- *Tonkarton in Dunkelblau*
- *Transparentpapier in Dunkelblau, Braun, Rot, Violett, Weiß*
- *Regenbogen-Transparentpapier*
- *Sternenstanze*

So wird's gemacht

Schneiden Sie das Fensterbild mit einem Cutter aus. Mit dem Transparentpapier verzieren Sie nun die einzelnen Bereiche des Bildes. Der Himmel besteht aus zwei Schichten: In das blaue Transparentpapier stanzen Sie mehrere Sterne, dann den Himmel mit einer Lage weißem Transparentpapier hinterlegen. Die Körper von Maria und Josef wurden hier mit Verlaufstönen aus dem Regenbogen-Transparentpapier zum Leuchten gebracht. Sie können jedoch auch eine reine Farbe wählen, z. B. Dunkelgrün.

Vorlage siehe Vorlagenbogen A67 rot

Die Hirten auf dem Feld

In der Nacht, in der Jesus geboren wurde, befanden sich Hirten mit ihren Schafen draußen auf dem Feld. Plötzlich wurde der Himmel hell, und er teilte sich. Musik erfüllte die Luft, und ein wunderbarer Engel erschien. Er sprach: »Fürchtet euch nicht. Ich verkünde euch eine große Freude. Heute ist in einem Stall in Betlehem der Retter geboren. Geht nur hin und sucht ihn!« Da brachen die Hirten auf und fanden das Kind in der Krippe.

Das wird gebraucht

- *Tonkarton in Dunkelblau*
- *Transparentpapier in Weiß, Blau, Rosa*
- *Regenbogen-Transparentpapier*

So wird's gemacht

Schneiden Sie das Gerüst des Fensterbildes aus dunkelblauem Tonkarton aus. Kleben Sie die entsprechenden Transparentpapiere dahinter, wobei Sie vorher die Transparente auf der Rückseite positionieren und anzeichnen.

Vorlage siehe Vorlagenbogen B26 rot

Die Heiligen Könige

Aus dem Orient kamen drei weise Männer auf Kamelen geritten. Sie waren auf ihrer langen Reise einem hellen Stern gefolgt. Sie suchten nach dem neugeborenen König der Juden, um ihm ihre Geschenke zu bringen. Und als sie das Kind in der Krippe endlich gefunden hatten, waren sie sehr froh. Sie knieten nieder, beteten und dankten Gott.

So wird's gemacht

Nach dem Ausschneiden aller Einzelteile bemalen Sie am besten erst einmal die Gesichter und die Kleidung der Könige mit Bastelfarben wie auf der Abbildung. Kleben Sie nach dem Trocknen der Farbe die Figuren zusammen. Bemalen Sie dann die Kamele, die Sättel und die Satteldecken. Kleben Sie jeweils drei dieser Teile zusammen, und setzen Sie die Könige oben drauf.

Schneiden Sie für jeden Reiter ein passendes Stück Kordel zu, und befestigen Sie dieses einerseits am Zaumzeug des Kamels und andererseits an einer Hand des Königs. Nun montieren Sie die Palmen und bemalen die Stämme. Stellen Sie aus den drei Reitern, den Sandflächen und den Palmen ein Bild zusammen. Zuletzt fügen Sie noch den aus zwei Gelbtönen ausgeschnittenen Stern hinzu.

Das wird gebraucht

- *Tonkarton in Beige, Hellbraun, Dunkelbraun, Rotbraun, Mittelgrün, Dunkelgrün, Mittelblau, Dunkelblau, Violett, Hellgelb, Dunkelgelb, Schwarz, Weiß, Rot, Hautfarben*
- *Goldfolie*
- *Kordel, ca. 50 cm lang*
- *Bastelfarbe in Schwarz, Weiß, Rot, Braun, Hellblau, Dunkelgrün, Beige, Gold*

Vorlagen siehe Vorlagenbogen A1, A3, A7, A13, A15, A17, A18, A21, A23, A24, B1, B6–B9 schwarz

Das wird gebraucht

- *Tonkarton in Dunkelblau*
- *Transparentpapier in Dunkelblau, Hellblau, Gelb, Weiß, Rosa*

Vorlage siehe Vorlagenbogen B23 rot

Der Chor der Engel

Es war taghell auf dem Feld. Plötzlich waren die Hirten von unzähligen Engeln umgeben, die im Chor sangen und Gott lobten: »Ehre sei Gott im Himmel, und Friede sei auf Erden unter allen Menschen, die ihn lieben!« Und genauso plötzlich, wie sie aufgetaucht waren, verschwanden die Engel, und die Hirten fanden sich wieder alleine auf dem Feld.

So wird's gemacht

Schneiden Sie die Vorlage zweimal aus Tonkarton aus. Hinter eines der Motive kleben Sie die entsprechenden Transparentpapier-Farben. Wenn Ihnen die Farbtöne nicht intensiv genug sind, können Sie das Transparentpapier auch doppelt nehmen. Beim Engelschor macht sich das gut bei den Flügeln und bei den Gesichtern. Befestigen Sie am Schluß das zweite ausgeschnittene Motiv auf der Rückseite der beklebten Vorlage. Ihr Fensterbild ist nun fertig zum Aufhängen.

Jesus wird getauft

Als Johannes Jesus sah, wußte er sofort, daß dies der von Gott versprochene Retter war. Er fragte Jesus: »Warum kommst du zu mir? Ich bin es, der von den Sünden reingewaschen werden muß.« Aber Jesus wollte unbedingt von Johannes getauft werden. Und so stiegen sie zusammen in das Wasser, und Johannes taufte Jesus. Als Jesus danach ans Ufer stieg, öffnete sich der Himmel, und die Stimme Gottes sagte: »Du bist mein geliebter Sohn, den ich erwählt habe!«

Das wird gebraucht

- *Tonkarton in Dunkelblau*
- *Transparentpapier in Gelb, Orange, Braun, Dunkelblau*
- *Regenbogen-Transparentpapier*

So wird's gemacht

Schneiden Sie das Motiv zweimal aus Tonkarton aus. Kleben Sie hinter den See dunkelblaues, hinter den Krug braunes und hinter das fließende Wasser Regenbogen-Transparentpapier. Hinter dem Himmel und dem Dreieck fixieren Sie zunächst gelbes Transparentpapier.

Schneiden Sie nun gemäß der Vorlage die orangefarbenen Strahlen zu, und kleben Sie diese hinter den gelben Himmel. Befestigen Sie dabei die Strahlen und Flächen nur am Tonkarton. Achten Sie darauf, daß kein Kleber auf den gelben Himmel kommt. Sie haben sonst unschöne Flecken auf Ihrem Fensterbild. Wenn alles gut getrocknet ist, können Sie auf der Rückseite Ihrer Arbeit das zweite ausgeschnittene Motiv befestigen.

Vorlage siehe Vorlagenbogen B20 schwarz

Der Schatz im Acker

Eines Tages fand ein Bauer beim Pflügen auf dem Feld, das er gepachtet hatte, einen wertvollen Schatz. Er versteckte den Schatz wieder sorgfältig in der Erde, ging heim, verkaufte alles, was er besaß, und kaufte den Acker.

Das wird gebraucht

- *Tonkarton in Dunkelbraun, Hellbraun, Dunkelrot, Mittelblau, Schwarz, Hautfarben, Grau, Gelb, Dunkelgrün*
- *Bastelfarbe in Schwarz, Weiß, Rot, Beige*
- *diverse Straßsteine zum Aufkleben*
- *Paketschnur, ca. 40 cm lang*

So wird's gemacht

Nach dem Ausschneiden fügen Sie erst einmal die Teile der einzelnen Gruppen zusammen. D. h. Ochse und Pflug, Bauer und Schatzkiste werden zunächst getrennt voneinander zusammengeklebt.

Beim Ochsen bemalen Sie alle Teile nach Wunsch. Dann versehen Sie das Joch mit einem kleinen Loch und knoten die Paketschnur daran. Kleben Sie nun das Joch am Kopf des Ochsen fest. Das andere Ende der Paketschnur wird durch ein vorgefertigtes Loch im Pflug und anschließend wieder zurück zum Ochsen geführt, wo es auf der Rückseite mit einem Stück Klebeband fixiert wird. Ochse und Pflug befestigen Sie auf einer Ackerfläche.

Stellen Sie nun die Figur des Bauern aus ihren Einzelteilen zusammen, bemalen und bekleben Sie diese dann. Ebenso verfahren Sie mit der Schatzkiste. Zusammen mit den übrigen Ackerflächen stellen Sie aus den fertiggestellten Einzelteilen das Fensterbild her.

Vorlagen siehe Vorlagenbogen A2–A4, A16, A18, A20, A21, B1, B10–B14 schwarz

Der Sturm auf dem See

Als Jesus einmal mit seinen Jüngern über den See Genezareth fuhr, kam ein heftiger Sturm auf. Die Wellen türmten sich haushoch auf, und das kleine Boot drohte zu kentern. Die Jünger hatten große Angst. Jesus aber lag hinten im Boot und schlief. Da weckten sie ihn und riefen: »Herr, der Sturm wirft das Boot um!« Jesus stand daraufhin auf, streckte die Arme aus, und sofort gehorchten ihm Wind und Wellen, und die aufgewühlte Oberfläche des Sees wurde wieder glatt. Zu den staunenden Jüngern sprach er: »Warum hattet ihr Angst? Habt ihr denn kein Vertrauen zu mir? Verlaßt euch auf mich, und es wird euch nichts geschehen.«

Das wird gebraucht

- *Tonkarton in Schwarz*
- *Transparentpapier in Braun, Dunkelblau*
- *Regenbogen-Transparentpapier*

So wird's gemacht

Schneiden Sie das Motiv doppelt aus schwarzem Tonkarton aus, und kleben Sie hinter eines der Motive das Transparentpapier. Versuchen Sie bei dem Regenbogen-Transparentpapier zwei Schichten übereinander zu legen. Die Farben werden intensiver, und Sie können auf diese Weise noch variantenreichere Farbverläufe erzielen. Probieren Sie es einfach aus. Das zweite ausgeschnittene Tonkarton-Motiv befestigen Sie hinter dem beklebten. Jetzt ist Ihr Fensterbild fertiggestellt.

Vorlage siehe Vorlagenbogen B25 rot

Fünf Brote und zwei Fische

Viele Menschen kamen, um Jesus zu hören. Es wurde Abend, und noch immer waren Tausende da. Die hatten großen Hunger. Jesus befahl seinen Jüngern, den Menschen zu essen zu geben, aber die wußten nicht, woher sie das Brot für so viele Menschen nehmen sollten.
In der Menge war ein Junge, der hatte fünf kleine Gerstenbrote und zwei Fische bei sich. Die schenkte er den Jüngern. Jesus segnete die Speisen, und als die Jünger das Essen verteilten, kamen sie nicht zum Ende, denn Brot und Fisch wurden nicht weniger. So wurden am Ende alle satt, und es blieb sogar noch etwas übrig.

Das wird gebraucht

- *Tonpapier in Hellblau*
- *Tonkarton in Hellbraun, Mittelbraun, Dunkelbraun*
- *Regenbogen-Tonpapier*
- *Aluminium- oder Silberfolie*
- *Bastelfarbe in Schwarz, Weiß*

So wird's gemacht

Schneiden Sie das hellblaue Tonpapier in 1 cm breite Streifen. Sie benötigen etwa 40 Streifen mit 30 und 35 cm Länge. Flechten Sie aus diesen Streifen eine nicht zu dichte Matte. (Lassen Sie zwischen den Streifen Lücken von ca. 0,5 bis 1 cm.) Malen Sie auf die bunten Fische Augen und schwarze Konturen, und kleben Sie die kontrastreichen Lippen und Flossen sowie Glanzlichter aus Silberfolie auf. Arrangieren Sie die fertigen Fische zusammen mit den fünf Broten auf der Papiermatte.

In einem Glasrahmen untergebracht, kann dieses Fensterbild auch ein attraktiver Wandschmuck sein.

Vorlagen siehe Vorlagenbogen B3, B18 schwarz

Der hilfsbereite Fremde

Eines Tages ging ein Mann von Jerusalem nach Jericho. Sein Weg führte ihn durch einsame Gegenden. Plötzlich sprangen Räuber aus dem Hinterhalt und überfielen den Mann. Sie schlugen ihn zu Boden, nahmen ihm sein Geld weg und ließen den Schwerverletzten im Staub liegen. Ein Priester, der vorüberging, lief, ohne zu helfen, weiter, aus Furcht, die Räuber könnten noch in der Nähe sein. Auch der nächste Passant ging weiter, ohne dem Verletzten zu helfen.

Da nahte ein Fremder, ein Samariter. Der verletzte Mann war ein Jude – und Juden und Samariter mochten sich nicht. Ob dieser Mann wohl helfen würde? Der Samariter stieg von seinem Esel. Er gab dem Verletzten zu trinken, säuberte seine Wunden und brachte den Mann zum nächsten Gasthaus, wo er für ihn sorgte. Der Samariter bezahlte dem Wirt schließlich so viel Geld, wie er brauchte, um den Kranken gesund zu pflegen. Dann erst zog er weiter.

Das wird gebraucht

- *Tonkarton in Weiß, Hellblau, Grau, Hellgrau, Orange, Rot, Grün, Olivgrün, Hellgelb, Dunkelblau, Schwarz, Braun, Hautfarben*
- *Decorlack-Liner in Gelb, Lila*
- *Holzstift in Blau, Rot, Weiß*
- *Filzstift in Schwarz*

So wird's gemacht

Sie basteln als erstes die beiden Figuren und den Esel (ohne Zaumzeug). Das Gewand des Samariters verzieren Sie an Ärmel und Saum mit gelbem Decorlack-Liner. Die Falten des Turbans zeichnen Sie mit blauem Holzstift ein. Das Gesicht des Verletzten sollte ein bißchen traurig und zerschrammt aussehen; dafür können Sie die Farbe des Holzstifts mit dem Finger ein wenig verwischen.

Schneiden Sie dann die Felsen und Gräser aus, und legen Sie eine Landschaft zurecht. Das Ganze festkleben. Der Verletzte, der genau in die Grube paßt, sollte von einem Grasbüschel etwas verdeckt werden. Samariter und Esel werden auf dem Felsen befestigt. Nun können Sie, als letzten Schritt, mit Decorlack-Liner das Zaumzeug des Esels zeichnen.

Vorlagen siehe Vorlagenbogen A1, A3, A6, A7, A15, A18, A20, A21, A28 (Helm Goliath = kleiner Fels), A35, A38, A44, A45, B4, B16, B17 schwarz

Jesus geht über das Wasser

Jesus sprach zu dem Wasser: »Wasser, du mußt mich tragen!« Und da trug es ihn. Dann lief Jesus über das Wasser zum Schiff seiner Jünger. Wie froh wurden sie da, denn Jesus hatte sie nicht vergessen.

Das wird gebraucht

- *Tonkarton in Dunkelblau*
- *Transparentpapier in Weiß*
- *Regenbogen-Transparentpapier*
- *Lochzange*

So wird's gemacht

Schneiden Sie zuerst das Gerüst aus. Dann kleben Sie über die äußere Wolke und das Wasser eine Lage Regenbogen-Transparentpapier, möglichst in Rosaverläufen. Die Figur des Jesus wird mit weißem Transparentpapier hinterlegt. Schneiden Sie vier bis fünf Fische aus Regenbogen-Transparentpapier aus. Die Fische werden nicht direkt auf das Papier geklebt, sondern nur partiell mit den Rücken- oder Schwanzflossen am Rahmen fixiert. Es würden sonst sichtbare Klebestellen im Wasser entstehen. Eine weitere Lage weißes Transparentpapier wird gelocht (Luftblasen) und hinter die Fische geklebt. Das Wasser besteht nun aus zwei Schichten Transparentpapier; dazwischen befinden sich die Fische.

Vorlage siehe Vorlagenbogen B21 schwarz

Das verlorene Schaf

Manchmal wunderten sich die Menschen, daß Jesus nicht nur mit ehrlichen Leuten redete, sondern auch mit Gaunern, Dieben und anderen vom Weg Abgekommenen. »Ich will es euch erklären«, sagte Jesus. »Wenn ein guter Hirte viele hundert Schafe hat und es geht ihm nur ein einziges verloren – was macht er dann? Er läßt die übrigen Schafe zurück und sucht das eine. Und wenn er es gefunden hat, ist er überglücklich.«

So wird's gemacht

Basteln Sie zuerst den Hirten und die Schafe. Probieren Sie eine hübsche Gruppierung auf der Grasfläche aus, und kleben Sie die Schafe fest. Die Gesichter der Schafe malen Sie teils mit geschlossenen, teils mit offenen Augen. Die Palme wird auf die Grasfläche geklebt. Zwei Felsen und zwei Grasbüschel werden zusammengefügt, der Hirte und das verlorene Schaf davor befestigt. Vier bis fünf goldene Sterne bilden den Nachthimmel.

Das wird gebraucht

- *Tonkarton in Hellgelb, Dunkelgelb, Dunkelgrün, Hellgrün, Olivgrün, Weiß, Hautfarben, Braun, Schwarz, Grau, Orange, Dunkelrot, Lila, Dunkelblau, Türkis*
- *Plakatfarbe in Weiß*
- *Filzstift in Rosa und Schwarz*

Vorlagen siehe Vorlagenbogen A1, A3, A7, A16, A18, A21, A22, A34, A35, A38, A41, B1, B4, B7 schwarz

Der Einzug in Jerusalem

Die Jünger liehen zwei Esel für ihren Herrn, damit Jesus nach Jerusalem reiten konnte. Als Jesus die Straße hinunterritt, kamen auf einmal die Menschen aus ihren Häusern, und die Leute auf den Feldern ließen ihre Arbeit ruhen. Sie kamen mit Olivenzweigen und Palmwedeln und winkten dem Mann auf dem Esel zu. Andere bereiteten Jesus einen Teppich aus ihren Mänteln und Umhängen. Sie jubelten: »Es lebe der Sohn Gottes!«

Das wird gebraucht

- *Tonkarton in Schwarz*
- *Regenbogen-Transparentpapier*
- *Filzstift in Schwarz*

So wird's gemacht

Wenn Sie sich an dieses Fensterbild wagen, sollten Sie im Umgang mit dem Cutter schon etwas geübter sein. Dafür ist die Hauptarbeit mit der Herstellung des Gerüsts schon getan. Wenn Sie vorsichtig arbeiten, können Sie an Stelle von Tonkarton auch Tonpapier verwenden, das ist leichter zu schneiden. Suchen Sie einen schönen Farbverlauf aus, und hinterkleben Sie damit Ihr Bild. Jesus Gesicht wird mit schwarzem Filzstift direkt auf das Transparentpapier aufgezeichnet.

Vorlage siehe Vorlagenbogen A66 rot

Die Auferstehung

Als Jesus tot war, legte man ihn in eine Grabhöhle, vor deren Eingang eine schwere Steinplatte gerollt wurde. Drei Tage später kamen frühmorgens drei Frauen, um nach dem Grab zu sehen. Sie fanden das Grab leer, und der schwere Stein war weggewälzt. Da erschraken die Frauen fürchterlich! Es erschien aber ein Engel, der sprach: »Habt keine Angst! Jesus ist nicht hier. Gott hat ihn aus dem Tod geholt. Jesus lebt!«

So wird's gemacht

Schneiden Sie das Motiv zweimal aus Tonkarton zu. Hinter eines wird das Regenbogen-Transparentpapier geklebt. Beginnen Sie dabei zunächst mit der Grabhöhle. Wenn Sie das Transparentpapier doppelt legen, erhalten Sie die gewünschte Farbe. Danach schneiden Sie nach Vorlage den Himmelsteil zu und stanzen einige Sterne aus.

Nachdem Sie den Himmelsteil auf den Tonkarton geklebt haben, wenden Sie sich dem gelben Himmelsstreifen zu. Dieser und die seitlichen farbigen Flächen sollen sich etwas überlappen. An den Überlappungsstellen können Sie die Flächen auch mit sehr sparsam verwendetem Kleber miteinander verbinden.

Als nächstes kleben Sie hinter die ganze Himmelspartie weißes Transparentpapier und montieren dann die große gelbe Hintergrundfläche. Für sie gibt es keine Vorlage. Sie sollte einigermaßen oval sein und in etwa die Maße 20 x 35 cm haben. Die Fläche wird nicht ausgeschnitten, sondern vorsichtig ausgerissen.

Zum Schluß fixieren Sie das zweite Tonkarton-Motiv auf die Rückseite des Fensterbildes und befestigen vorne und hinten die Figur.

Das wird gebraucht

- *Tonkarton in Dunkelgrau*
- *Transparentpapier in Gelb, Weiß*
- *Regenbogen-Transparentpapier*
- *Sternenstanze*

Vorlage siehe Vorlagenbogen B27 rot

Die Jünger empfangen den Heiligen Geist

Nachdem Jesus gestorben war, saßen die Jünger rat- und mutlos in einem Haus in Jerusalem beisammen. Plötzlich erfüllte ein Brausen die Luft, und Feuerzungen fielen vom Himmel herab. Auf einmal waren die Jünger mit Stärke, Mut und mächtiger Freude erfüllt. Sie liefen aus dem Haus und sprachen mit den Leuten auf der Straße über das Wunder der Auferstehung Jesus. Und was sie sagten, sprang wie ein Funke auf die anderen Menschen über.

Alle Vorlagen für die Figuren siehe Vorlagenbogen A schwarz, A33 schwarz, A61

Das wird gebraucht

- *Tonkarton in vielen Farben (es gehen auch Reste), auf jeden Fall aber in Gelb, Orange, Rot, Hautfarben*
- *ein Bogen Regenbogen-Transparentpapier, Format ca. 50 x 60 cm*
- *Packpapier*
- *Bastelfarbe in Weiß, Rot, Schwarz*
- *Holzstift in Rot*

So wird's gemacht

Stellen Sie elf bunt gekleidete Figuren her, die Sie mit erstaunten Gesichtern – Blick zum Himmel – bemalen. Den roten Holzstift benötigen Sie für das Wangenrot. Schneiden Sie für den Boden des Hauses einen 5 cm breiten und 60 cm langen Streifen Tonkarton zu. Danach zerknüllen Sie kräftig das Packpapier, streichen es wieder glatt und schneiden daraus die Seitenwände des Hauses zu. Jetzt benötigen Sie noch jede Menge Feuerzungen aus gelbem, orangefarbenem und rotem Tonkarton.

Befestigen Sie die Seitenwände hinter dem Boden des Hauses, und kleben Sie beides auf das Regenbogen-Tansparentpapier – etwa 5 cm vom unteren Rand entfernt. Dann befestigen Sie die Figuren und zum Schluß die Feuerzungen. Das Pfingstbild ist fertig.

Das wird gebraucht

- Tonkarton in Schwarz oder Dunkelrot
- Transparentpapier in Weiß
- Regenbogen-Transparentpapier
- Lochzange

Vorlage siehe Vorlagenbogen B22 schwarz

Das Lamm Gottes

Johannes schaute in den Himmel und erwartete, Jesus in Gestalt eines starken Tieres zu sehen. Aber Jesus glich einem Lamm, das geopfert wird. Er war Gottes Lamm, das starb, um der Welt die Sünden zu nehmen.

So wird's gemacht

Zarte Farbtöne lassen dieses Motiv besonders gut zur Geltung kommen. Nachdem Sie den Tonkarton zugeschnitten haben, hinterlegen Sie zunächst das ganze Bild mit weißem Transparentpapier. Dann suchen Sie einen schönen Farbverlauf aus und kleben das zugeschnittene Regenbogen-Transparentpapier hinter den Fächer. Sparen Sie dabei das Kreuz aus, das Sie anschließend mit gelbrotem Transparentpapier hinterlegen. Zum Schluß stanzen Sie mit Hilfe der Lochzange oberhalb des Fächers (wie auf der Abbildung) Löcher in das Fensterbild.